Louange Kahasi

Les cris inentendus

Louange Kahasi

Les cris inentendus

Désir de paix

Éditions Muse

Imprint

Cover image: www.ingimage.com

Publisher:
Éditions Muse
is a trademark of
Dodo Books Indian Ocean Ltd. and OmniScriptum S.R.L publishing group

120 High Road, East Finchley, London, N2 9ED, United Kingdom
Str. Armeneasca 28/1, office 1, Chisinau MD-2012, Republic of Moldova, Europe
Printed at: see last page
ISBN: 978-620-4-96367-9

Dédicace

Je dédie ce recueil à toutes les victimes de la guerre partout à travers le monde et aux congolais en particulier.

Je le dédie aussi à mes défuntes sœurs Kahindo Kahasi Espérance et Kavira Kahasi Aimerance.

Je le dédie de tout cœur à toute personne éprise de justice.

Remerciements

Je remercie de tout cœur le poète Alpha Maliro Justin pour avoir lu et corrigé mes poèmes, et la poétesse Merry Musa pour sa contribution au deuxième poème.

Un sincère remerciement à tous mes confrères, et particulièrement à Mapambo Visavali David, un compagnon de joie et de souffrance qui m'a vu composer mes poèmes.

Un sentiment de reconnaissance à la Revue scientifique "J'écris, je crie" pour son engagement à dénoncer les maux dont souffre notre société.

Que tous ceux qui nous aiment et ceux qui nous soutiennent, se sentent honorés par ce poème. Car c'est avec eux, par eux et pour eux, que j'ai écrit ces poèmes. C'est leur cri quotidien que j'ai mis en écrits.

Poème I : Voilà ce qu'est ma poésie !

Elle est bizarre ma poésie
Eh oui, elle frôle la frénésie,
Elle est trouble et menace,
D'un ton dur et si tenace.

Je n'ai pas l'ingéniosité de Hugo
Pour crier la misère du Congo.
Pour exprimer ma vraie peine
Je n'ai pas le talent de Verlaine.

En ces vers, je crierai le rêve de paix,
Je dirai, je ne manquerai pas les mots.
Pour contrer et dénoncer les maux,
J'en serai complice, si je me tais.

Même si je n'ai pas le talent de Goethe
Je ne suis pas pour cela moins poète.
Comme lui, je crée un autre monde
Où règnerait la paix en chaque seconde.

Pour ceux qui pleurent, je porte la voix
Abattu, je crie à gorge ouverte,
Afin de préparer pour la vie des voies
Dans les roches, les vallées désertes.

Avec ceux qui peinent, je chante
L'espoir un monde meilleur,
Avec ceux qui fuient la guerre,

Avec les foules prostrées,
Avec les âmes frustrées,
Je risque ma pauvre plume.

Avec la planète menacée,
Je cherche la panacée
À tous ces mots qui déchirent,
À cette civilisation qui délire.

Poème II : Hommage aux compatriotes tués
[Merry]

Aux enfants tués,
Aux mères brûlées,
Aux incendiés,

A tous les innocents congolais
Qui Sont déjà morts par des machettes,
Aux âmes mortes sans une paix
Et enflammées comme des galettes,

À tous ceux qui ont perdu leurs esprits,
Pendant les douloureux jours de guerre,
Nous lutterons pour vous à tout prix,
Dès lors jusqu'à la dernière heure,

Vous avez ma parole en ces vers,
Je ne garderais pas mon silence,
S'il faudra menacer l'univers,
Je ne laisserais tomber ma lance

Qu'importe ma race soit mon teint,
Ma personnalité soit ma taille,
S'il sera un soir soit un bon matin,
Je m'en irai au champ de bataille,

Pour venger la perte de vos sangs,
Disparition de vos suaves vies,
Punis seront ces affreux mal francs
D'avoir rendu au néant vos survies.

[Louange]

Aux enfants, aux hommes, aux femmes,
Qui chaque jour périssent sous les flammes,
D'autres par les armes, les ynh hnnknh, et l'épée,
Alors que Kin et New York restent bouche-bée.

À vous qui êtes morts debout dans vos champs,
En pleine résistance pacifique aux méchants,
Eh bien, votre sang crie et criera vengeance,
Et nous, c'est à cela que nous ferons allégeance.

Aux enfants tués sans scrupules sous le toit familial,
Expiant leur dernier souffle dans cet instant infernal,
Zigouillés sans pitié en dépit de leur innocence,
Sans aucune conscience du devoir de violence.

Aux femmes courageuses tuées hors de leurs maisons,
Luttant sans se lasser pour la survie de leur famille,
Pour vous, nous réciterons prières et mille oraisons
Aussi longtemps que notre esprit ne vacille.

Aux hommes vaillants massacrés en plein travail,
Victimes dérisoires de cette innommable canaille,
Aux jeunes gens et jeunes filles morts à la fleur de l'âge,
A vous nos frères, sœurs, mères, tous nos hommages.

Nous vous exprimons par ce poème
Combien nous on vous aime.

Poème III : Enfant du Kivu

Je suis enfant du Kivu
Vivant près de Goma,
Pas loin de Bukavu,
Je suis dans le coma.

Mon père, ils l'ont fusillé,
Ma mère, ils l'ont prise,
Mon village a été zigouillé
Ils font cela à leur guise.

Ils ont incendié nos écoles
Et brûlé tous nos hôpitaux
C'est une fin sans protocole
Que nous impose ce bourreau.

Alors qu'ils nous tuent sans trêve
Et massacrent comme en spectacle
Nous, toujours, de la paix on rêve.
On espère au milieu de tant d'obstacle.

Ici la mort s'est fait homme
Et le deuil est devenu familier.
Viens au secours, ô Pacôme
Nos frères tombent par milliers.

Nous crions dans ce bel immonde
Nos fronts courbés vers la terre
Que jour et nuit nos larmes inondent
Comme une pluie à grand tonnerre.

Nos villages sont écrasés
Pourtant, il y a la Monusco
Nos écoles sont hélas rasées
Alors qu'existe l'Unesco.

Entre temps, se joue la Coupe du monde,
Se tiennent de grandes tables rondes,
La terre continue et continuera de tourner.
Et nous dans l'enfer on continue de séjourner.

Sur nos routes, voici des épaves

Des brûlures dans les coins, les caves

Dans nos maisons pue le sang des fils

Dans nos chants, pourrissent les lys.

Poème IV : Hymne à la terre

Arrêtons, arrêtons de tuer la terre
Elle est notre sœur, notre mère
Dans ses bras tous elle nous serre
Arrêtons de polluer son atmosphère.

La terre est notre mère unique
Évitons de lui déchirer la tunique.
Puisque si elle souffre de froid
Demain, nous en ressentirons l'effroi.

À nous tous, toujours elle se donne
Et nous, en retour, on l'abandonne.
On la suce sans pitié, sans conscience
Au nom de la technique et de la science.

Elle est blessée, la terre par nos guerres
Elle gémit des douleurs de nos combats.
Nos usines et industries la maltraitent
À sa vieillesse, prendra-t-elle sa retraite ?

Que restera-t-il de la fraîcheur des vents
Laideur chasse ancienne beauté des mers
En tout cas, en témoignent les vivants
La vie ici et là sera dure, elle sera amère.

Certes, la terre est calme, mais elle se venge
Demain peut-être se retournera-t-elle contre nous.
Rien, ne l'apaisera ni notre science ni nos sous,
On dira alors que c'est nouveau, c'est étrange.

Pour notre alliée, revenons en arrière
Disons-lui nos doléances, nos excuses
Changeons alors nos sales manières
Et arrêtons désormais nos ruses.

Poème V : Et vous les puissants

Vous êtes des chefs, des dieux, des superpuissants
Vous avez le destin de l'humanité entre vos mains.
Tout le monde regarde vos comportements ahurissants
Devant cette souffrance atroce des milliers d'humains.

Vous dites protégez la vie et vous faites des engins de mort
Regardez seulement les retombées, les douloureux sorts
De pays déchirés, vies menacées, le monde est mourant
Et vous, vous le savez, vous en êtes bien au courant…

Des milliers de scientifiques font et créent des bombardiers,
Qui plongent l'humanité dans les désarrois,
un grand merdier.
Visiblement, on ne voit aucun regret, souci, aucun remord.

Dans les tribunes, vous parlez des droits
Et vous le criez bec et ongle sur le toit.
Voyez : des pays entiers sont en flammes.

Poème VI : Prière d'un clochard

Je suis le rejeté que personne ne console
Oui, je le mérite, j'ai perdu ma boussole
La rue, cette tendre mère, est ma maison
J'y vais, elle m'héberge en toute saison.

Je suis le traqué par les bottes, par la police
La rue me protège et me cache en coulisse
Pour rester en vie, chaque jour je vole
Pour m'oublier, je prends mon éthanol.

La rue, notre mère, est bien capricieuse
Le matin, elle sourit, le soir elle rougit
Pour y résister, j'ai une âme audacieuse
Même si elle s'éteint comme une bougie.

Il y a ceux qui rêvent des villas, moi je ne veux qu'un pain
Une pomme pour dire adieu à la police, à la matraque,
Au vol, aux cache-cache, aux coups, aux vilains copains.

Comprenez-moi si je ne suis pas si pieux
Ne me fermez pas au nez la porte des cieux
Je suis le maudit mais pas le diable, le démon
Je peux changer grâce aux prières et sermons.

Poème VII : Le visage

Regardez bien le visage
C'est un signe, un présage,
Il donne à lire les humeurs
Et à déceler les tumeurs.

Chez nous, on dit qu'il est cadeau
Venu en avion ou par gros bateau
Il est toujours porteur d'un message
En lui, on lit l'insensé ou alors le sage.

Il parle, il s'exprime le visage
Il révèle aussi l'aspect d'âge.
Mais attention il peut être rusé.
Pour duper, peut bien en user.

Pour un enfant, le visage est vrai
Pour l'adulte, il varie en intérêts
Et en situation, en bon blé ou ivraie
En lieu : prison, marché, ou cabarets.

En tout homme, essuyons le visage

Qu'ont sali nos insultes, nos outrages,

Qu'ont défiguré nos conflits, nos litiges.

Poème VIII : Prière des réfugiés

Mendiants de paix et de justice, nous courons,
À bout de souffle, à petit feu, nous mourons,
Gémissant sur des routes sans espérance,
Criant nos peines en cette si longue errance.

La guerre nous a tout volé, elle a tout pris,
De la faiblesse de l'État, nous payons le prix,
Condamnés à périr, nous refusons de mourir :
Tenez ! Même dans les roches on peut courir.

Ceux-là qui nous chassent de nos villages,
Ils tuent sans pitié de condition ou d'âge.
Enfants et femmes enceintes sont sans toit,
C'est comme s'ils n'avaient pas de droit.

Sur nos routes, dans nos camps sévit la famine,
Des gens y meurent : jeunes, vieux et gamines.
C'est l'angoisse, la tristesse, la désolation,
De voir tout un peuple soumis à l'immolation.

Nous traînons çà et là nos pas trébuchants,
Scandant notre douleur en cris, en tristes chants.
Hélas, c'est dans notre propre pays, notre nation,
Que nous subissons cette injuste damnation.

Le monde s'affiche, il se tait quand nous crions,
Le ciel, les esprits se taisent quand nous prions,
Les coups de feu nous frappent si nous dormons
Les insultes et les ironies viennent de leurs sermons.

Nous crions que la guerre est moche et laide,
Nous voulons la paix : Dieu nous soit en aide.
Nous prions tout bas au fond de nos cœurs,
Chantons ce vœu de paix en groupe, en chœur.

Poème IX : L'indifférence moderne

Quand je sors pour contempler le soir
Eh bien là, je ne vois pas que le noir...
Il y aussi lueurs et petites flammes
Qui portent du lendemain la trame.

Avec les soucis et le poids du jour
Les hommes s'empressent à partir
Et alors dans les rues sans détour
Ils se dépassent sans compatir.

Ceux qui ont fait de si bonnes affaires,
Vite, s’en vont très joyeux aux bercails
Et ceux qui se plaignent d'un vain travail,
S'en retournent tristement et veulent se taire.

Le soir, dans la rue, personne n'est personne,
La vie et le temps, tous, ils nous talonnent
Chacun fait sa route et sait sa destination,
Portant espérance, joies ou alors consternation.

Ainsi va la vie à ce siècle de grande vitesse,

Lea guerre et ses alliés ont chassé l'étroitesse,

Qui nous rapprochait les uns des autres,

Et faisait de tous et de chacun le nôtre.

Poème X : Cris de douleur pour une noyade[1]

Le bon vent de notre lac a plié bagage
Les eaux ont pris nos frères en gage...
Oh, le rivage a perdu sa prime couleur
Partout se lève des chants de douleur.

Ils sont morts, les eaux nous les ont pris
C'est la consternation dès qu'on l'a appris
La mort s'est encore faite maître de tout
Et a montré de la puissance ses atouts.

Pour vous, l'eau a cessé d'être la vie
Elle a vous a avalé dans ses envies
Vulnérables, vous n'avez pas résisté
Hélas, personne pour vous assister.

Vous alliez joyeusement en mission
Et du vent vous aviez la permission
Fatalement, est arrivé l'irrémédiable
Est-ce volonté de Dieu ou du diable ?
Pour vous, l'eau est devenue la mort

[1] Ce poème est écrit en hommage aux chantres noyés à Kyavoinyonge, dans le Lac Édouard.

Le fameux dicton avait bien tort.
Le Lac a abandonné sa générosité
Va-t-elle muer en vraie monstruosité ?

Et toi notre frère et voisin Lac Édouard
Pourquoi maintenant sortir ton dard ?
Pourquoi as-tu pris nos amis chantres
Dans ton insatiable et invaincu ventre ?

Peut-être il y avait-il un si frappant orage ?
Dans lequel la nature manifesterait sa rage !
Aucune réponse sauf gémissement et soupir
On peut tout dire, rien à faire, est arrivé le pire.

Oui, votre mort est fatale mais aussi élogieuse
Vous mourrez dans une mission si prodigieuse
Tel un soldat au front, un chasseur à la chasse
Un prêtre à l'autel, un gardien sur la terrasse.

En ce poème, recevez nos douloureux adieux !
Au-revoir à la Parousie où enfin on verra Dieu...
Avec vous, peut-être nous chanterons sa gloire
Et alors pourra commencer une neuve histoire.

Poème XI : Appel au courage

Si dans le noir tu avance
L'espoir toujours te devance.
Aussi pénible que soit la vie
Du bonheur on garde l'envie.

Ne te demande pas : "à quoi bon vivre
Alors qu'à la mort la nature nous livre ?
Essaie plutôt de chaque instant profiter
Ne laisse pas sur toi l'angoisse résister.

Si sur ton chemin, tu doute
Alors, à l'enfer amer tu goûtes.
Mais efforce-toi, reste debout
Et va tout joyeux jusqu'au bout.

Ne te dis pas : " je n'ai pas de chance".
Peut-être ce serait alors ta déchéance
De te voir en tout le plus malheureux
Alors que si tu espères, tu seras heureux.

Si tu échoue dans ton business
Et que cela t'apporte des stress,
Alors change seulement de tact
Et arrête de rédiger de faux tracts.

Ne te résigne pas en disant : "rien à faire,
C'est le destin, ce n'est plus mon affaire."
Mais vas-y, oui tu peux tout changer, fonce.
La nuit la plus dure un beau jour annonce.

Si tu ne crois plus à l'amour,
Fais simplement un détour.
Eh oui, tourne cette triste page
En essayant un truc plus sage.

Poème XII : Obligée de se vendre

La pauvre Vumilia était jadis belle
Avant qu'elle ne devienne poubelle.
Elle était brillante élève et innocente
Jusqu'au jour de la destinée violente.

Son village fut rasé, ses parents enlevés
Son école brûlée, son village abandonné
Puf! elle n'avait plus personne pour l'élever
Personne pour elle ne pouvait se donner.

Vumilia, si jeune et si fragile, à son âge de fleur
Veut vivre et cherche comment sécher les pleurs
Que devait-elle faire ? Sans famille où se rendre
Elle fut obligée de s'étaler et de se vendre....

Jeune, son discernement était moins développé
Fragile, sa conscience, sa raison tout enveloppées.
La voilà, dans la rue, dans les bars et les carrefours
Les filous chacun à sa guise y prennent leur tour.

Jeune et dynamique, elle veut oublier sa souffrance
Et oui sans trop y penser elle embrasse son errance
La voilà, partout dans les bras des pitoyables salauds
Et bientôt sa vie et son destin vont tomber à l'eau.

Elle aurait dû choisir une autre vie, mais comment ?
Dans la merde, elle s'est fourrée seulement...
Ah ! Elle aurait dû toquer et frapper à nos portes
Pourtant compassion et charité y sont bien mortes.

Non, il y a beaucoup de carrière, elle aurait dû choisir
Oui elle a choisi et son seul choix fut de ne pas moisir.
Vumilia comme tout le monde voulait vraiment vivre
C'est la vie et ses alliés qui l'ont pris jusqu'en être ivre.

Oui, Vumilia est ivre de désir de vivre, ivre de mélancolie
Elle est victime du vide qui fait de sa vie une didascalie
Elle est victime des vagues du désespoir et de Solitude
Contrainte à vivre sous la forte emprise de l'inquiétude.

Poème XIII : J'ai un rêve

Comme Luther King, j'ai un rêve,
Je le nourris et j'y crois sans trêve,
Je rêve qu'un jour la guerre s'en ira
La peur qui nous immobilise finira.

Armes à la main, nos soldats se battront,
Il n'y aura plus qu'un commandant, un seul patron,
L'armée et la police seront rénovées, purifiées,
Dès lors dans nos villages, on ne sera plus terrifiés.

Pour une fois, je fais mien ce confort utopiste,
C'est mon droit d'homme, mon devoir d'artiste,
De pousser les masses à rêver, à espérer,
Qu'il ne sera pas éternellement exaspéré.

Je rêve qu'un jour le Congo sera fort
Nous y travaillerons, il sera prospère
C'est que je crois, vraiment je l'espère.
Labeurs et sueurs changeront le sort.

Dans nos villages désolés, s'allume une flamme
Pas celle qui brule ou qui coupe comme une lame
Mais cette flamme soigne et panse les blessures
Et D'un lendemain plus calme nous rassure.

De nos peines et douleurs, qui en connait la mesure ?
Qui sait si demain ou après nous sortirons de l'usure !
Le feu s'est allumé, n'allons pas encore l'éteindre
Disposons nos forces et énergies à partout l'étendre.

De nos épaves et nos impasses, résonnent des chants
Pour nous, le monde ne sera pas que très méchant,
Oui, de paix et de justice, on voit venir des étincelles
Sur nos collines, dans nos vallées, déjà elles ruissellent.

Sur nos terres abandonnées, poussent des roses
Que notre sang, notre sueur et nos larmes arrosent
Je vois se lever l'aurore d'un merveilleux jour
Où désormais la haine laissera place à l'amour.

Des fleurs pousseront sur et dans notre nécropole
De tristes souvenirs, l'espoir prendra son envol.
La guerre ne sera plus qu'un souvenir, une histoire
A laquelle nos enfants pourront refuser de croire.

Poème XIV : Elle est comme ta mère

Elle ressemble à ta mère, cette femme qui saigne
La voilà, dans le sang de ses enfants, qui baigne.
Elle ressemble à ta sœur cette fille que l'on écrase
Elle est sans-abri, sans habits, on a brûlé sa case.

Elle est comme ta fille, cette fille dont on abuse
Si pour elle tu ne fais rien, ta conscience t'accuse.
Au nom de tous, moi je lui présente nos excuses
Car pour moi elle est reine, princesse voire muse.

Quand dans vos palais, vous faites des festins
Pensez à ces pauvres femmes, à leurs destins.
Elles sont victimes de la guerre, de la violence
Et vous, rien ne vous tire de votre somnolence.

Pour toutes ces femmes violées, je dis une prière,
Contre les guerres, les viols, je dresse une barrière,
Pour toutes ces femmes endurant fatigue et coups
Je prie pour que tombent les chaînes de leur coup.

Cette femme n'est pas asiatique ou française ou africaine
Ce n'est un être humain victime de méchanceté, de haine.
Dans nos conflits armés, les femmes sont si vulnérables
Sans défense, elles sont en danger et vraiment misérables.

Elle ressemble à ta sœur cette femme qui saigne
La voilà, dans le sang de ses enfants, qui baigne.
Elle est comme ta mère, cette femme qu'on écrase
Elle est sans-abri, sans habits, on a brûlé sa case.

Poème XV : Hommage à la calcinée[2]

De mes pauvres yeux coulent des larmes
Quand je vois tes photos et images défiler
Pourtant des jeunes avaient sonné l'alarme
Qui empêcherait nos lames de couler.

Oui, ta mort est fatale mais aussi héroïque
Car, en servante fidèle, tu meurs à ton poste
Tu t'en vas, hélas, dans une voie très tragique
Mais on peut le penser, tu es comme l'holocauste.

Toi, à tes risques et périls, tu es allée au service
Car ton identité te pousse à sauver des vies
Et à devenir du bonheur et de la joie une complice
C'est à cela que tu as voué ta vie, o chère Sylvie.

Toi, tête haute, tu pars en véritable héroïne
Bravant la peur où la mort s'est faite homme
Oui, tu as lutté, tu t'es battue en vraie marine
Pour être, j'ose croire, de la mort une gomme.

---

[2] Ce poème est composé en hommage au médecin Révérende Sœur Sylvie morte calcinée dans sa chambre de garde par l'ADF à Maboya.

O toi notre sœur calcinée, tu es notre sainte
Tu nous apprends à nous donner sans crainte
A nous dépenser pour le peu de vie qui reste
Et comme ça nous vaincrons cette sale peste.

Ils sont faibles et lâches, tes bourreaux
Quand ils s'apprennent aux hôpitaux.
Toi, tu nous dis : « priez pour moi et résistez,
Montrez à ces lâches que vous existez.

A nos enfants, nous dirons que tu es une héroïne
Que tu es un modèle, un exemple, une prophétesse
Sur toi, ils auront une pensée pieuse et encline
Nous leur raconterons ta vie avec délicatesse.

C'est en sanglots que j'écris ces mélancoliques vers
Pour exprimer, tant soit peu, la profonde douleur
Que nous laisse ton départ vers un tout autre univers
Où avec toi, nous gouterons à l'éternel bonheur.

Poème XVI : Le trophée de la haine[3]

Pendant que je veux écrire un galant poème,
Et chanter comment on vit, comment on aime,
Soudain, j'entends mon portable qui sonne :
Ce sont des cris et des chants de deuil qui résonnent.

Des hommes, adultes et enfants, ont encore péri,
On crie, on pleure, on maudit ces crimes odieux,
À la souffrance et au deuil on risque d'être aguerri,
Toujours poussé à à pleurer, à faire des adieux.

En ces hommes tués en assemblée, en église,
C'est notre espoir de la paix qu'on détruit, qu'on vise.
C'est absurde cette guerre, c'est indicible,
Qu'on prenne ces sans défense pour cible.

Violemment, sont partis, nos frères, nos sœurs,
En mourant ainsi, ils crient et crieront le désir de vivre,
Et nous éprouvés, attristés, ça nous brise le cœur,
De voir en quelle fatalité cette vie nous livre.

[3] Ce poème est écrit en hommage aux chrétiens tués par une bombe piégée dans une église à Kasindi.

Je crie que c'est moche ces engins de mort,
Qui causent désolation, peur et détresse.
Et ceux qui les font ressentent-ils remords ?
De notre mort, ils tirent profit et richesse...

Oui, chez nous, la mort et la haine ont longtemps triomphé,
Voilà encore que leurs ouvriers en célèbrent le trophée.
Oh, la vie et l'amour seront-ils toujours menacés ?
Quelle magie, quel sauveur, quelle arme, quelle panacée !

Et vous, chers frères et sœurs ainsi trépassés,
Rendez-vous au ciel, à l'évidente parousie,
Quand de ce monde à l'autre, nous allons passer,
Là la vie et la paix chanteront, plus de haine et jalousie.

Poème XVII : A nos héros

Il existe partout des hommes courageux,
Prêts à braver l'incertitude d'un monde orageux,
Capables de dire aux autres : allons-y, c'est possible,
Nous sommes forts, ensemble nous sommes infaillibles.

De leur vivant, certains sont rejetés, d'autres oubliés,
Ils finissent persécutés, mains et poings liés,
Les uns en exil, d'autres aux enfers, ou en prison,
Mais tout n'est pas fini : brille une flamme, un tison.

Ils sont nombreux, et en chaque lieu dispersé,
Ces hommes et femmes dont le sang est versé
Pour des causes nobles, pour la vie et l'amour,
Ils se donnent tout entier et n'ont rien en retour.

Les héros, ce sont aussi ceux dont on ne parle pas,
Ces hommes, ces femmes qui ne traînent pas le pas,
Et qui chaque jour accomplissent leur ingrat devoir,
Ils n'ont ni grandes vertus, grands talents ou pouvoir.

Ces héros, moi aussi j'en ai rencontré, j'en ai vu
Ils m'ont aidé, secourus autant qu'ils ont pu,
Certains par une parole douce, d'autres un simple câlin,
Ils ont su m'arracher au pouvoir du Malin.

Poème XVIII : Son crime fut de pleurer

Un jeune homme a crié,

Il a crié à dépasser la cime,

Il était fatigué de supplier, de prier

Il a alors commis un "grand crime."

Est-ce vraiment un crime ?

Eh bien, pour eux, c'en est un

Pour eux, seule la loi prime.

Parce qu'il a cessé d'être peureux

Il a été jugé nocif et dangereux,

Son austérité lui a coûté les chaînes

Les chansons lui ont valu une peine.

Je ne suis pas malade, dit-il, j'assume

Ma lutte m'épuise, me tue, me consume,

Mais je suis fier et joyeux de moisir

Je vis ici enfermé loin de tout loisir.

Il a dit sa colère, il a chanté son deuil
Et dans leur loi il a dépassé le seuil,
Ils disent : la loi c'est la loi, elle est dure,
Ses agissements sont de contre-nature.

Si la loi avait eu le cœur,
Et la compassion pour sœur,
Elle ne condamnerait pas un rescapé !

Hélas, sur tout la loi prime
C'est dit, il a commis un crime
D'avoir pleuré dans se contenir.

Et si la loi était injuste...

Poème XIX : Il veut aller à l'école

Cet enfant veut aller à l'école

Il veut préparer son bel avenir

Mais la guerre le stress, le colle.

Comment va-t-il bien y parvenir ?

Quand il s'assoit dans sa classe

Les coups de feu l'y chassent !

Il trouve asile en ville voisine

Là la grève ne se termine.

Il veut vivre et aller en balade

Mais partout il y a des grenades

Il veut se promener, il veut jouir

Mais il se retrouve obligé de fuir.

Il danse au son des armes

Au lieu de celui du feu d'artifice

Cela détruit peu à peu son âme

Sa vie est livrée en sacrifice.

J'ai peur, je crains pour cet enfant
J'ai peur qu'à force de violence
Il ne perde sa prime innocence
Et n'apprenne la morale d'éléphant.

Que sera donc ce beau gamin
Qui déjà a une arme à la main ?
Croira-t-il à beauté de la terre ?
Prendra-t-il tout le monde en frères ?

Cet enfant n'est qu'un enfant
Cieux, venez à son secours
Terre, montrez-lui l'amour
Il en a besoin, ce doux enfant.

Poème XX : Le prix de la paix

Quand tombera le soir, je prendrai ma route
Je me voilerai le visage et courberai la face
J'en ai assez de vivre sans elle, je le redoute
Plut au ciel de m'accorder faveur et grâce.

Je traverserai déserts et forêts, pour elle
Je briserai ma timidité de tourterelle,
Aucun obstacle : Ni Calypso, ni les Sirènes,
Rien de brillants, même la beauté des reines.

Elle s'est longtemps absentée, elle m'a fui
Sa rivale s'est installée chez moi en princesse.
Chez moi elle a débarqué avec ses gonzesses,
Dominé, esclave, c'est ce que je suis.

Elle m'a tout pris la guerre, c'est laid, c'est moche
Même si pour certains, elle remplit leurs poches.
Eh bien, moi, je la subis cette nouvelle compagne
Elle me force, me tire et me lie par son pagne.
J'irai rechercher ma belle, celle que je désire

Elle est si belle et tranquille, elle fait plaisir.

C'est elle que je cherche, d'elle je suis épris

Pour la retrouver, dites-moi quel en est le prix.

La paix est son nom, la stabilité sa marque

Elle brille de tranquillité et de douceur

Pour elle, on se bat comme Jeanne d'Arc.

Oh, paix, quel est ton nom

Dans ce bruit des canons ?

Dis donc, où te cache-tu

Quand on écrase, on tue ?

Que savons-nous de toi

Si ce n'est ancien souvenir ?

Que disons-nous de toi

Si ce n'est de te dire de revenir ?

Qu'allons-nous dire à nos fils

Qui ne t'ont jamais connue ?

Que tu viendras en temps propice

Où resteras-tu toujours inconnue ?

Dans nos immenses clameurs,

Nos mauvaises humeurs,

Dis-nous quel est ton visage.

Je t'adjure pour l'amour du ciel

Montre-toi, sors de ta cachette

Rejoins-nous dans notre tunnel

Où règnent les gars en manchette.

À ces familles qui pleurent les leurs

Viens consoler et apaiser leur cœur,

Et ces hommes tués dans nos campagnes,

Dans l'au-delà où ils vont, sois leur compagne.

À ceux qui fuient les atrocités,

Dis qu'elle est proche ta victoire.

A ceux qui abandonnent leurs cités,

Demande d'espérer, de rêver, de croire.

Poème XXI : Un signal de guerre

Un vieillard a dit les apparents abyssaux :
Une autre guerre mondiale a éclaté
En plusieurs morceaux, divers assauts.

Au Yémen, en Israël, en Irak, en Asie,
Au Congo, au Soudan, Mali, en Afrique,
La guerre est une forte paralysie
En Ukraine, se battent Russie et Amérique.

Les plus petits sont les plus touchés
On les traine à terre, exposés au bûcher.
C'est ça son truc, c'est que fait la guerre.

Des hommes tués au front,
Des femmes et enfants en sanglots,
Des vies humaines perdues,
Du sang qui coule à flots,
C'est ça son truc, c'est ça la guerre.

Des longs cortèges funèbres,

Des regrets et de grands remords,

Des bilans des dégâts et des morts,

On se bat pour du frique, de l'or

D'autres pour la gloire, le pouvoir

Pourtant, la vie seule est un trésor

Sa protection serait le premier devoir.

Le monde dans l'abîme s'enfonce

Sous nos yeux, le voilà, il s'effondre.

À qui la faute, à chacun de répondre.

Poème XXII : Nous refusons de mourir de violence

Un soir, ou un matin, je partirai,
D'une maladie ou d'un malaise,
Satisfait ou aigri, je m'en irai,
Au Paradis ou dans la fournaise.

Beaucoup m'auront aimé,
Pour l'amour que j'aurai semé,
Certains pourront m'en vouloir
Pour mes faux pas, mes déboires.

Qu'importe, j'aurai quitté le monde
On l'apprendra aussi par les ondes.
Certains le sauront très tard ou tôt,
Il faudra qu'on le dise aussitôt.

Ça sera un matin ou un grand soir
Que je fermerai les yeux à la terre
Alors un petit tour au purgatoire
Où j'attendrais les prières des frères.

Peut-être demain ou l'an qui vient
C'est imminent, mon pays en guerre
On ne sait quand la dernière heure
En tout temps, tout arrive, survient.

Tantôt c'est la guerre, tantôt la faim
Ici, on n'est pas sûr du lendemain
En tout temps, les armes chantent
Et par ce chant, la mort nous hante.

Une fille est allée au travail,
Joyeuse, elle quittait son bercail,
Hélas, une balle l'a saisie,
La mort l'a choisie.

Mais, non, nous refusons de mourir,
De mourir de violence et de haine,
De mourir de fatigues et des peines,
De cette façon, on veut pas mourir.

On le sait, la vie n'est pas éternel festin,
Pour tout homme, la mort est fatale destin,
Aucun homme ne mourait que quand c'est inévitable,
Voilà notre souhait, notre vœu véritable.

Poème XXIII : La vie et ses alliés

La vie et ses alliés m'abattent, me terrassent
Il est imminent mon désarroi, mon impasse,
Je vois mon être s'effondrer, ma vie basculer,
Sur ma route j'hésite entre avancer et reculer.

Mes rêves s'enfuient comme dans un tonnerre,
J'ai perdu mes idéaux, je n'ai plus de repères,
Ils se sont usés et éteints mes pauvres yeux
A force de pleurer et de contempler les cieux.

Étendit sur mon lit ou assis sur un banc,
L'incertitude du lendemain pèse sur moi,
Les inquiétudes quotidiennes me font des cheveux blancs,
Plut au ciel de préserver ma bonne foi.

Très longtemps je n'ai pas pu faire la fête,
Je travaille pour survivre et payer ma dette,
Et hélas, guerre et insécurité se prolongent
Le jour comme la nuit, je n'ai aucun songe.

Je me dis : avant, c'était bien, j'étais heureux,
Pourtant même là j'étais inquiet, peureux.
Mais bon, demain ou après-demain peut-être,
Ça ira mieux, je goûterai au bonheur, au bien-être.

Mais comment ?
Allons-y seulement !
Qu'elles ne seront pas éternellement exaspérées.

Poème XXIV : Ils signent, nous on saigne

Voyez ces hommes qui signent à notre nom
Et cela nous engage malgré notre " non."
Ils font des choses ces hommes en costume.
Signer des accords : c'est devenu coutume.

Eux, ils signent, et nous on paye le gros prix,
On n'en sait rien mais toujours on en souffre,
Eux, ils s'engagent, et nous on paye le prix,
Ils hypothèquent notre destin dans des coffres.

Eux, ils décident, et nous toujours on cède,
Réveillons-nous, pour nous, personne n'intercède.
Pourtant, c'est à eux que nous avons cédé notre pouvoir,
Pour que notre bien devienne leur principal devoir.

Lorsqu'ils signent, nous on saigne
En ces accords, on ne sait qui gagne.
Alors que nos frères fuient la guerre,
D'autres meurent même à cette heure.

Poème XXV : Le pays est mort

Monsieur le Président l'avait annoncé : le pays est mort
Certains ont dit : il a raison, d'autres ont crié : il a tort
Peut-être savait-il lui où il menait cette nation,
Une nation morte n'a que la tombe comme destination.

"Mboka esi ekufi kala" avait-il dit, crié de vive voix,
J'avais imaginé que dans ses mains il tenait une croix
Qu'il allait fixer sur la tombe où irait la mère-patrie,
Accompagnée de ses fils et filles victimes de barbarie.

Peut-être voulait-il ressusciter ce pays moribond,
Mais hélas, il a trouvé que le mal était profond,
Il a beau voyagé, il a beau négocié et signé des accords,
Ça n'a pas suffi, rien a changé notre fatal sort.

Monsieur le Président, dans cet estimable siège,
Dis-nous la vérité : serais-tu pris au piège ?
Pourquoi ce tumulte, pourquoi cette Impasse ?
Vous le voyez, du jour le jour s'accentue la menace.

Ecoutez ce peuple, il est fort, oui, il peut,

L'émergence du pays et la paix c'est tout ce qu'il veut.

Que dirais-je ? La prophétie s'est accomplie peut-être.

Tôt ou tard, je le jure, seront démasqués les traîtres,

Qui jour et nuit creusent la profonde tombe

Et duplicitement, travaillent pour hâter l'hécatombe.

Poème XXVI : l'Afrique

Je pleure sur toi ma chère Afrique,
Pour tes fils et filles tant humiliés,
Sur toi je suffoque, oh la magnifique,
Pour ta jeunesse longtemps liée.

Je gémis en te regardant, ma chère Afrique
Jusqu'à la moelle, pillée et dépouillée,
Pour ta beauté, on t'a vendue pour du frique
Ta sacralité, la guerre l'a hélas souillée.

Ma chère Afrique, vas-tu donc mourir ?
"Je ne mourrai pas, je suis fière de moi,
Bientôt, il ne sera plus question de subir
Les injustices et les douleurs des carquois".

Pour toi, j'espère, o ma chère Afrique
Le chemin est long mais pas impossible
Bientôt passera l'ère des hommes iniques
Quand tous auront passé au crible.

Ma chère Afrique, vas-tu donc céder ?
"Non, je ne capitulerai pas, je lutterai,
La force de ma jeunesse va m'y aider,
De mes propres ailes, je volerai".

Je suis fier de toi, ma chère Afrique,
J'exalte ta beauté, je loue tes valeurs,
Ton destin n'est pas que si tragique,
Prouve à la face du monde ta grandeur.

Dis-moi, je t'adjure, o ma chère Afrique,
Jusques à quand seras-tu asservie ?
Te resignera-tu à leur action sadique ?
Que feras-tu donc pour ta survie ?

"Il est révolu ce temps de mon asservissement,
Aurevoir à l'asphyxie de mon économie,
Je vais tracer les lignes de mon développement,
Plus de places à leur avidité, leur boulimie.

Poème XXVII : Puisque le sang tant coulé

Et quand la vie devient si dure,
Quand le mal toujours perdure,
Que deviennent les intentions
D'une âme remplie d'incantation ?

Puisqu'on a vu longtemps le sang coulé,
Puisque nos cœurs ont été si blessés,
Acceptons que la source du mal soit roulée,
Assumons les pertes que nous avons encaissées.

Quand ils nous chassent de nos maisons,
Que disons-nous, que faisons-nous ?
Ceux qui se résignent n'ont pas raison
Parce qu'il s'agit de notre terre, notre chez nous.

Puisque le mal nous a tant déchiré,
Pansons nos plaies par l'odeur de l'amour,
Halte aux divisons qui nous ont fait délirer
Place à l'unité, à la puissance de l'amour.

Lorsqu'ils sèment chez nous la violence
Et qu'ils profitent de nos somnolences,
De l'avidité et du penchant pour les sous
Que disons-nous, que faisons-nous ?

Puisqu'on a beaucoup souffert,
Brisons notre silence complice
Ce temps nous est offert
Pour extirper de nous ce vice.

Puisque le monde se tait,
Cherchons nous-mêmes la paix,
Puisqu'elle viendra de nous seuls

Poème XXVIII : Pour que la vie

Pour que la vie soit la vie, il faut ta main,
Pour qu'advienne un monde plus humain,
Il faut nos bras pour l'action, nos pieds pour le voyage,
Il faut aimer jusqu'à s'oublier et donner sa vie en partage.

Pour qu'aucun enfant au monde ne meure de faim,
Il faut que chacun donne de son thé, de son pain,
Alors se rempliront des biens les greniers des affamés,
Ainsi sur terre le paradis on pourra entamer.

Et pour qu'un jour s'arrête une guerre, il faut mile sacrifices,
Qui nous arrachent à nos avantages de complice,
Alors librement nous pourrons ouvrir nos cœurs
À la fraternité, au dialogue qui nous tireront de nos peurs.

Si le monde est si méchant, si laid
C'est que nous n'avons pas assez fait
Pour le rendre beau, doux et parfait.

Prenons alors aujourd'hui ce risquant courage,

Et commençons déjà par nous et notre entourage,

Disons à nos frères que la justice est possible,

Qu'il faut seulement qu'elle soit notre unique cible.

Poème XXIX : J'ai vu une femme qui pleurait

Dans la rue, j'ai vu une femme qui pleurait,
Elle était aigrie et visiblement abattue,
À la voir, elle ne savait où aller, elle errait
Dans ses mains, elle portait un bébé nu.

Elle traînait ses pas, et ne regardait personne,
Moi je l'ai fixée, épiée, son visage était blême
Pourtant son allure n'était pas du tout bonne,
Elle portait avec elle un tas des problèmes.

Quand devant elle je m'arrêta pour un bonjour,
Sans me répondre, elle était toute tremblante,
La pauvre, terrifiée et craintive, elle fit demi-tour,
Du coup, elle voilà le visage avec sa grosse mante.

O femme, d'où viens-tu avec cet air fatigué ?
Dis-nous, où vas-tu avec cette démarche ?
Tête voilée, tu nous as vraiment intrigués,

O femme, pourquoi cette peur au ventre ?
"J'ai perdu tout, il me reste cette petite fille,
Mes fils et mon époux sont devenus cendres,
La voix de tout inconnu me titille..."

Sèche tes larmes o femme,
Élève ce bel enfant entre tes mains,
Oublie-le passé et ces cris infâmes,
Tu es capable d'un nouveau chemin.

Poème final :

Je voudrais qu'en ces vers,
On rêve d'un autre univers,
Où la paix chantera victoire
Et la justice reprendra pouvoir.

En ces vers, chantons l'amour,
Halte à la haine qui rend coupable,
Appelons à l'aide, au secours
Pour les âmes faibles et vulnérables.

Unissons nos voix,
Et traçons les voies
D'une nouvelle ère.

TABLE DES MATIERES

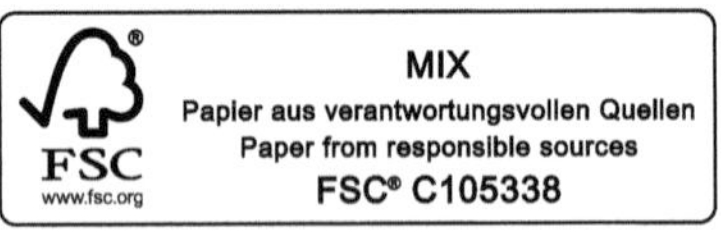

Printed by Books on Demand GmbH, Norderstedt / Germany